Heidrun Päulgen

Gedanken in Rot

© 2020
Herstellung und Verlag:
BoD – Books on Demand, Norderstedt
ISBN: 978-3-7526-8765-1

*L*iebes Leben,
ich schreibe dir Gedichte,
die von Liebe, Sehnsucht
und Leid erzählen, dich in den
Mittelpunkt stellen.
Poetisch, ironisch, nachdenklich
und manchmal mit einem
Augenzwinkern.

„Guten Tag",
sagte die Liebe,
klaute mein Herz
und lief davon.
Denn manchmal
kneift das Glück die Augen zu
und sagt:
Lass mich in Ruh!

*W*oher die Glut kommt,
an manchen Tagen
werd ich ihn fragen,
den Geist,
der meine Stimmung hebt.
„So ist das eben",
wird er sagen,
bevor er weiter schwebt.

*S*chwerelos,
wie ein Schatten
neigt der Tag
sich hin zur Nacht.
Und des Herzens Sehnen
in meiner Brust hält Wacht.
Ungeträumte Träume,
die Liebe schläft.
Weck sie nicht auf,
       dass sie nicht geht.

In deinen Augen
das Meer.
Ich will versinken,
ohne zu ertrinken.
Eintauchen,
auf den Grund
deiner Seele.
Ihre Verwundbarkeit erspüren,
Wärme und Offenheit fühlen.
Vereint sein,
und doch frei.

*E*in Lächeln,
das sich wie eine wärmende Decke
um mein Herz legt,
das wie ein Sonnenstrahl
durch dunkle Wolken bricht
und von Vertrauen spricht.
Mehr als tausend Worte.

Als ich fiel
fühlte ich mich frei.
Ich nahm eine Überdosis Spaß
stürzte mich in tosende
Sinnlosigkeit,
bis ich taumelnd an Boden verlor.
Kein Halten.
Nichts ging mehr,
als ich fiel.

Zart,
wie ein Schmetterling,
dein Kuss, der meine Wange streift,
und tief in meiner Seele
Lust und Verlangen reift.
Sehnsucht plagt mein Herz,
doch ungleich größer
ist der Schmerz,
dass ich die Liebe,
die ich spüre,
verliere.

*I*ch liebe den Menschen in dir,
nicht das, was dich schmückt.
Den Klang deiner Stimme,
wie du lachst, deinen Blick.
Wie du mir zuschaust
und mich berührst,
dich für mein Leben interessierst.
Dass du mir blind vertraust,
einerlei was ich tue,
so bist du.
Ich liebe den Menschen in dir
und jeder Augenblick
ist *Glück*.

Der Geist der Liebe
schwebt umher,
leicht und beschwingt.
Doch wird er mir entgleiten,
muss ich Höllenqualen leiden
und mein Herz wird schwer.

*E*s neigt der Tag
sich hin zur Nacht,
des Herzens Sehnen
hält die Wacht.
Ungelebte Träume,
- die Liebe schläft -
Weck sie nicht auf,
das sie nicht geht.

Geflüster der Nacht,
fiebrige Worte,
trunken von seichtem Glück.
Geblendet vom Licht
der Morgensonne
bleibt oft nur
ein Schweigen zurück.

*I*n meinem Bett
lag ich und träumte,
- oder war es Wirklichkeit?,
dass mich ein Sehnen dräute,
ganz nah bei dir zu sein.
In meinem Bett
lag ich und träumte.
Allein.

*E*insamkeit,
der Stecker gezogen
Energie geraubt,
vom Leben belogen.
Renn gegen Wände
die Fluchttür versperrt.
Mein Blick in den Spiegel
der Zukunft verzerrt.
Ich suche mich –
und finde:

              Dich!

*D*ein Blick
hält mich aus,
während ich dich
aus meinem Herzen stoße
und die Liebe zertrete.
Hüte dich vor der Dunkelheit
wenn die Liebe geht,
und hab acht
vor der Kälte
der Einsamkeit.

*A*uch
wenn du nicht
bei mir bist,
fühl ich dich nah.
Trag dich in mir.
Stilles Verstehn.
Kann die Welt
mit deinen Augen sehn,
und deine Worte sprechen
aus meinem Mund.
Ich liebe dich,
das ist der Grund

Süß lächelnd,
der Lippen sanfter Schwung.
Nicht alt das Gesicht,
doch auch nicht jung.
Verheißung im Blick,
kein Wort gesprochen.
Am Ende das Ungesagte gebrochen.
Lasziver Gang,
die Tür fällt zu.
Zurück bleibst *Du.*

*T*auwetter,
das Herz weich,
der Blick klart auf,
Licht fällt in die Seele.
Hab die Sonne im Gesicht,
was kümmert mich mein Schatten?

*A*m Abgrund,
das Erinnern halten,
an das, was längst verblasst
an Altem.
Gelebte Liebe
sterilisiert für magere Zeiten
aufbewahrt in Schraubgläsern
auf staubigen Regalen.
Aufgewärmt stillt sie
vorübergehende Hoffnungslosigkeit.

*D*eine Küsse,
salzig – süß,
so weit weg
spüren noch nach,
halten mich wach.
Nichts war versprochen,
und alles vergebens.
Kann nicht bleiben,
sprach die Liebe,
und hört auf
zu leben.

*L*eere füllt den Kopf
Der Stein in meiner Brust
wirft Schatten
auf meine Seele.
Ich stolpere über Worte
die klanglos im Wege liegen.
Willst du mich halten
wenn ich haltlos bin?

*W*as hat das Herz
in meiner Brust zu klagen?
Es muss nur schlagen!
Ich seh' die Welt
mit allem wie sie ist,
muss sie ertragen.
Muss mich mit falscher Liebe und
so manchem Kummer plagen.
Doch du mein Herz,
du musst nur schlagen!

*U*nmerklich
wie ein Flügelschlag
ein Tag, ein Jahr,
die Zeit vorbei.
Flüchtig wie ein Augenblick
Nicht Leid noch Glück
hält es zurück
auf seinem Weg.
Wohin ist es entschwunden?
Ein Jahr in Sekunden.
Und eh ich's versteh
ist mein Leben verflogen.
Am Ende fühl ich mich betrogen.

Ich zeig dir mein Gesicht,
in der Hoffnung, dass du gütig bist
mit dem Bild, das es reflektiert.
Die Schattenseiten verschweigst,
Die Lebensspuren retuschierst.
Meine Augen und mein
Lächeln strahlen lässt.
Ich zeig dir mein Gesicht,
in der Hoffnung,
dass du gütig bist.

*L*ängst hat mein Angesicht
schon Falten.
Die Haut wird welk,
man zählt mich zu den Alten.
Doch sehnt und schwant mir
noch das Glück zu halten.
Die Liebe und auch Zärtlichkeit.
Mein Herz schlägt jung,
es hat noch keine Falten.

*K*omprimiert,
ein Leben,
die Liebe,
die Farben der Leidenschaft,
Lachen und Weinen.
Komprimiert,
ein Leben
auf ein paar Kilo
Körpergewicht.
Jede Faser
gespeicherte Erinnerung.
Kompliziertes Leben.

*N*amenlose Träume
mäandern durch die Nacht.
Aus tiefster Seele erwacht
ein sprudelnder Quell.
Bizarre Gedanken
flüchtig und schnell.
Namenlose Träume
mäandern durch die Nacht
bis der Morgen erwacht.

*L*oslassen
Freude am Hier und Jetzt
Den Augenblick leben
Sein, einfach Sein.
Glück im Kleinen,
ganz groß.

Atmen und Loslassen

Novemberblues,
ich tanz
im Wald
durch braune Blätter,
Novemberwetter-
Doch wenn der Nebel
aus den Wiesen steigt
der Himmel aufreißt
und die Sonne scheint,
werden Tropfen
glitzernd grüßen,
mir den Novemberblues
versüßen.

„*H*ör mir zu, hör mir zu",
flüstert der Wind in den Zweigen,
„ich erzähl dir von meinen Reisen."
Schließ die Augen,
hör das Rauschen
am Meeressaum.
Vergiss das Schweigen der Nacht,
       dein Leben erwacht.

*M*anch einer bricht sich
Kopf und Kragen
es zu wagen,
vom hohen Baum
den Traum zu pflücken.
Ein Kluger aber
setzt sich drunter
und wartet munter
bis reif und süß
von sanftem Wind getrieben
der Traum ihm vor die Füße fällt,
ganz nach Belieben.

Apfel

Rot und knackig,
hoch im Baum -
und der war nackig.
Im Grase lag sein Blätterkleid,
des einen Freud, des anderen Leid.
Ein Jüngling
wollt den Apfel pflücken,
und seine Maid damit beglücken.
Der Ast, auf dem er stand
war morsch.
Zu Boden fiel der arme Schorsch.
Die Maid sah's mit Vergnügen
und ließ den Schorsch da liegen.
So die Moral von der Geschicht':
Pflück' einer Maid den Apfel nicht.

*R*egentropfen
die auf mein Schirmdach klopfen
und Wind
der meinen Schirm verdreht.
Über unsren Köpfen
jagen Wolkenfetzen,
biegen Zweige,
und zerzausen meine Locken.
Möchte nicht zuhause hocken.
Schau, die Welt
ist auch bei Regen schön,
ich kann den Regenbogen sehn.

*E*iskalt
spür' ich den Hauch
vergangener Liebe,
es drängt das Herz
in meiner Brust.
Selbst wenn mir
wenig Hoffnung bliebe,
würde' ich sie schür'n,
mit Lust.
Denn alles, was mich wärmt,
ist *Liebe*
(selbst wenn sie mich verbrennt zum Schluss).

Ungeschminktes Leben
Spuren puren Seins.
Das Feuer in deinem Blick
ist meins.
Halt mich fest,
lass mich nicht gehen.
Lass mich die Welt
mit deinen Augen seh'n.
Ungeschminkt und schön.

Gefangen
im Unersättlichen
das Mögliche unmöglich.
Geblendet
von falschem Licht.
Erkenne ich den Weg
in die Freiheit
nicht.

Gefallener Engel,
benutzt und entehrt
Zerbrochen die Flügel,
wie Zeug ohne Wert-
Gefallener Engel:
Steh auf und lauf!

*D*as Schicksal
kommt mitunter
als ungebetener Gast.
Kann ich es ignorieren?
Muss es mich interessieren?
Wird's mich ruinieren?
Ich muss mich arrangieren.!

*W*o ist die Tür,
wenn ich mich
tagträumend
in dir verliere,
dein Herz
in meinem schlägt?
Mit jedem Schritt
nehme ich dich mit
und such die Tür
zu *DIR*

*W*er wahre Liebe lebt,
in unbekannten Tiefen
und höchsten Höhen sich bewegt,
wer manches Jammertal
durchschreitet
sich verbrennt und schrecklich leidet,
der weiß, dass diese große Macht
uns bis ans Ende glücklich macht.

*W*o ist der Trommler
in mir,
der mich puscht,
mir den Takt gibt
und meine Ideen wach hält?
Der mich singen und tanzen lässt,
und in schweren Zeiten motiviert:
Du schaffst das, mach weiter!

Wo ist der Trommler in mir?